顔ヨガ講師・
間々田佳子の

小顔・若顔・幸せになる!

みんなの顔体操

DVD 付き

間々田佳子

講談社

はじめに

実は、私自身、顔ヨガを始める前は、「幸《さち》薄そう」「不機嫌そうで怖い」「老けて見える」と言われるような、印象のよくない人間でした。当時の私は、笑顔がとても苦手だったのです。表情もいつもこわばっていて、あまり動かしていなかったせいで、顔の筋肉はすっかり衰え、口角を1分と上げていられない状態。さらには、たるみやシワ、くすみなどが目立っていたこともあり、自分にまったく自信が持てませんでした。

転機となったのは、30代半ば。タンゴダンスを習い始め、日々のトレーニングを積んでいくうちに、体が若々しくシャープに生まれ変わって……。これはきっと、顔も鍛えれば変わるに違いないと、顔ヨガのレッスンへ通い始めました。すると、驚くことに「明るくなった」「幸せそう」「笑顔が素敵！」と、以前とはまるで別人のようなイメージを持たれるようになったのです。そのうえ、気になっていた肌のたるみやシワなど、老け顔の要因も驚くほど改善して、ニキビや肌荒れもよくなるなど、たくさんのうれしい変化がありました。

この経験から、表情筋を鍛えることがどれだけ大切なのかを痛感したのです。そして、もっと多くの人にこの魅力を知ってもらいたいと、顔ヨガの第一人者である高津

文美子に師事し、顔ヨガ講師として活動するようになりました。

ここ数年、レッスンや講演、雑誌やテレビなどを通して、顔ヨガを知っていただこうと奮闘しています。けれど、いくつもポーズを覚え、なおかつ毎日続けるというのは、とても強い意思がないと難しいことなんですね。それでもっと老若男女問わず、誰でも毎日の習慣にできる方法はないかと考え出したのが、この「みんなの顔体操」です。国民的な体操であるラジオ体操をイメージして、表情筋を鍛える〝顔ヨガ〟をオリジナルの音楽とともに約3分半にまとめました。一度通して行うだけで、顔全体に働きかけ、普段使うことが少ない表情筋まで鍛えることができます。テンポのよい音楽に合わせて行うというのもポイントで、楽しみながら続けやすく、曲を聞けば、なんとなく動きが思い出せ、覚えやすいのです。座ったままや寝た状態でもできるので、年齢も関係なくできますし、運動が苦手な方でもOK！　ぜひ、ご家族やお友だちと一緒にやってみてください。思わずプッと吹き出してしまうようなポーズばかりなので、きっと多くの笑顔がうまれるきっかけになりますよ。

筋肉を鍛えることにタイムアウトはありません。今日一歩踏み出し、「みんなの顔体操」を始めることで、表情にも、肌にも、心にも、大きな変化があるはずです。ぜひ、毎日の習慣として取り入れてみてください。

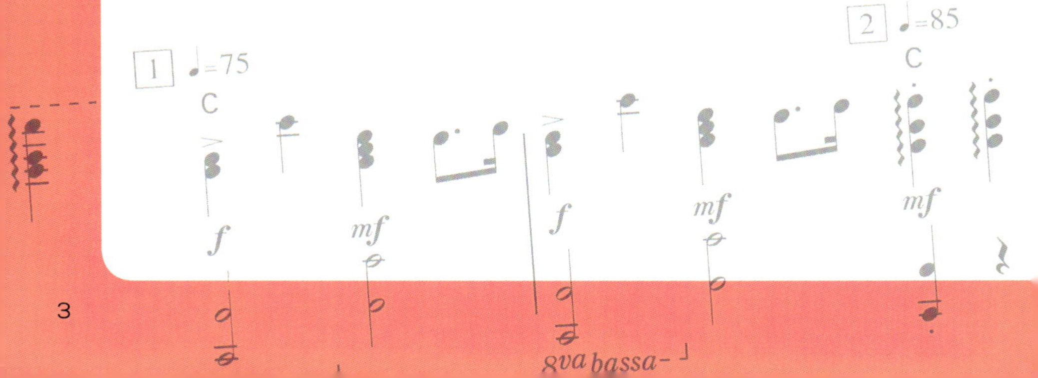

CONTENTS

本書とDVDの使い方

DVDメインメニュー画面

❶全映像を再生

このDVDに収録しているすべての映像を通して再生します。最初にご覧になるときは「Play All」を選んで、全映像をいったん通して再生することをおすすめします。

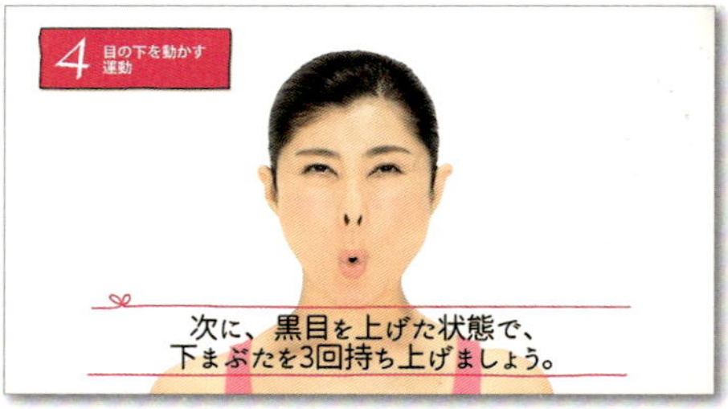

❷みんなの顔体操

顔体操の全体を通して再生します。動きに合わせた解説が入っているので、普段顔体操を行う際は、この動画とともに行いましょう。

必ずお読みください

●本書は、健康な方を対象に作製しています。エクササイズの途中で体調が悪くなったり、痛みが生じた場合は、いったん中止して専門医にご相談ください。
●体調に不安がある方や、持病がある方は、必ず医師の許可を得てからエクササイズを行ってください。
●映像・画像と実際の動きは、鏡のように左右が逆になっています。画面・紙面を見たまま行えるように、右の動きは向かって右、左の動きは向かって左になるよう撮影しています。

❸みんなの顔体操《ポイント解説》

ラジオ体操と同様13の運動からなる顔体操の正しい動きと、やりがちなNGポイントを、運動ごとに実演しながらていねいに解説しています。本書と合わせて、画面を見ながら一緒に行ってみましょう。最初はうまくできなくても、続けるうちに必ず上達します。鏡を見て自分の動きを確認しながら行うと、少しずつコツがつかめて、正しくマスターできます。

DVDメニュー画面（ポイント解説）

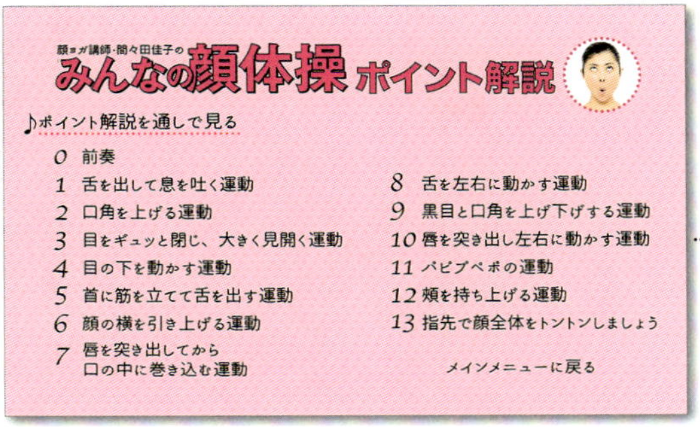

本書

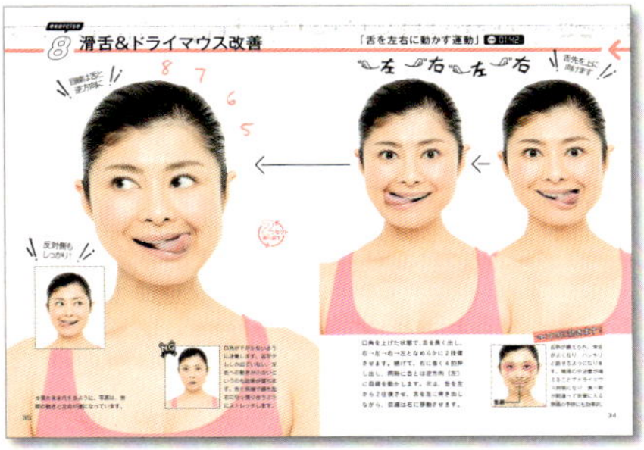

❹みんなの顔体操 *スローバージョン

慣れるまでは、少しゆっくりペースのスローバージョンで行うのがおすすめです。動きに合わせた解説が入っています。

DVD-Videoについての注意事項

◎DVDは赤いリボンから開封して取り出してください。台紙ごと取り外さないでください。
◎DVD-Videoとは、映像と音声を高密度に記録したディスクです。再生は、DVD-Video対応プレーヤー、あるいはPCにインストールされている「WinDVD」「PowerDVD」などのDVD-Video再生ソフトウェアで行ってください。DVDドライブ付きPCやゲーム機などの一部の機種で、再生できない場合があります。
◎再生上の詳しい取り扱いには、ご使用になるプレーヤーの取扱説明書をご覧ください。
◎このディスクは特定の国や地域でのみ再生できるように作製されています。したがって、販売対象として表示されている国や地域以外で使用することはできません。各種機能についての操作方法は、お手持ちのプレーヤーの取扱説明書をご覧ください。
◎このタイトルは、16：9画面サイズで収録されています。
◎このディスクは家庭内観賞用にのみご使用ください。このディスクに収録されているものの一部でも無断で複製（異なるテレビジョン方式を含む）・改変・転売・転貸・上映・放送（有線・無線）・インターネットで使用することは厳に禁止されており、違反した場合、民事上の制裁及び刑事罰の対象となることもあります。

52min.	片面一層	COLOR	MPEG2	複製不能

16:9　2　NTSC 日本市場向け　DOLBY DIGITAL

取り扱い上の注意

◎ディスクは両面とも、指紋、汚れ、傷などをつけないように取り扱ってください。また、ディスクに対して大きな負荷がかかると微少な反りが生じ、データの読み取りに支障をきたす場合もありますのでご注意ください。
◎ディスクが汚れたときは、メガネふきのような柔らかい布を軽く水でしめらせ、内側から外側に向かって放射状に軽くふき取ってください。レコード用クリーナーや溶剤などは使用しないでください。
◎ディスクは両面とも、鉛筆、ボールペン、油性ペンなどで文字や絵を書いたり、シールなどを貼付しないでください。
◎ひび割れや変形、または接着剤などで補修されたディスクは、危険ですから絶対に使用しないでください。また、静電気防止剤やスプレーなどの使用は、ひび割れの原因となることがあります。

保管上の注意

◎使用後は、必ずプレーヤーから取り出し、本書付録のシートまたはDVD用ケースに収めて保管してください。
◎直射日光の当たる場所や自動車の中など高温多湿の場所での保管は避けてください。
◎火気に近づけたり、熱源のそばには放置しないでください。

視聴の際のご注意

◎明るい場所で、再生画面よりなるべく離れてご覧ください。長時間続けての視聴は避け、適度に休憩をとってください。

第1章

ココがすごい！
新案「みんなの顔体操」

約3分半で、小顔や若返りリフレッシュなど、
多くの効果が手に入る「みんなの顔体操」。
どんな体操なのか、魅力をくわしく解説します。

現代人は“顔の運動不足”。表情筋が衰えている！

「顔体操」の魅力まとめ

- 音楽があるから覚えやすい
- 続けやすい
- 表情筋を効率よく鍛えられる
- 楽しくできる
- 約3分半で完結
- どこででもできる
- 道具もお金も不要
- 老若男女を問わずできる

表情筋を楽しく鍛えて小顔&若顔になる

顔には約60の表情筋があり、表情をつくるときや言葉を発する際に動きます。けれど、日本語は表情筋全体の約2割しか使わないで発音できるうえ（ドイツ語は、約8割使うというからすごい差）、現代はパソコンや携帯電話などと向き合う時間が長く、人と直接触れあう機会も減っています。そのため、表情筋はますます運動不足に陥っていると考えられます。

体も筋力が低下すると老け込むように、表情筋も衰えれば肌の老化を招き、さらには表情も乏しくなります。そんな状況を打開するために考案したのが「みんなの顔体操」です。リズミカルな音楽と顔ヨガをうまく組み合わせたことで覚えやすく、また座ったままでもできるので、老若男女、誰でも楽しみながら続けられます。それぞれの筋肉を個別に動かすような内容になっているので、目を開けるときに額にシワを寄せてしまうような、筋肉の運動によるクセを改善することも可能です。

即効性が高いのもポイント。表情筋は小さく、鍛えた結果が出やすいので、1〜2週間、朝晩1回ずつ行うだけでも、肌や表情に変化を感じてもらえると思います。

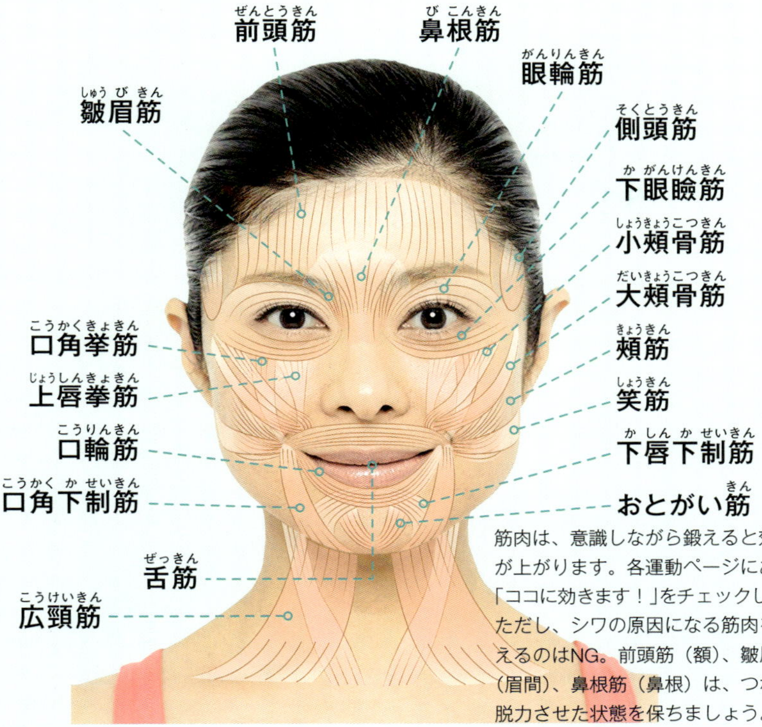

筋肉は、意識しながら鍛えると効果が上がります。各運動ページにある「ココに効きます！」をチェックして。ただし、シワの原因になる筋肉を鍛えるのはNG。前頭筋（額）、皺眉筋（眉間）、鼻根筋（鼻根）は、つねに脱力させた状態を保ちましょう。

顔の〝筋トレ〟は効果が出やすい

東京大学大学院
総合文化研究科教授
理学博士
石井直方先生

日本における筋肉研究の第一人者。トレーニングに関する著書は30冊を超えるほか、数多くのテレビ番組にも出演。自身が提唱した〝スロトレ（スロートレーニング）〟が人気。

　人間、年を重ねても骨格はさほど変化しません。しかし、たるみやほうれい線など、〝老け顔〟の徴候が出るのは、骨の上にある筋肉の衰えが関係している可能性があります。表情筋はとても薄く小さい筋肉なので、動かさない（使わない）とすぐに影響が出てしまいます。しかし逆に言えば、普段しないような表情をつくったり、よく動かしたりしてあげるだけでも十分な運動となり、表情筋をしっかり鍛えることができるのです。

　筋肉を鍛えるときには、負荷をかけるとより高い効果が期待できます。その点、この顔体操では「舌を出すときに、下がりやすい口角を上げる」動きや「口を突き出して左右に移動する際に、開きがちな唇をしっかり閉める」など、筋肉の動きを拮抗《きっこう》させることで、表情筋に負荷をかけることができるような工夫がなされています。顔をよく動かし、しかも効率よく表情筋を鍛えられるように考えられていると思いますね。

肌にも脳にもリーチする 顔体操で美しく前向きに！

めぐりがよくなり、笑顔の美連鎖に！

みんなの顔体操は、一度通して行うだけで、顔全体を効率よく鍛えることができます。血行やリンパの流れが促進され、老廃物の排出がスムーズになるので、肌には活力が溢れ、潤いがアップ。シワやたるみも改善するなど〝見た目年齢〟を若返らせるパワーを秘めています。

表情筋を鍛える一方で、上手に「ゆるめる」ことができるようになる点も見逃せません。顔からムダな力が抜ければ、表情が優しくなり、印象も変わってきます。すると、自信が持てるようになり、人前で緊張するようなことがなくなって、自然と体も心もリラックスした状態が保てるようになるのです。

みんなの顔体操には口角を上げる動きが多く含まれているので、続けていると、素敵な笑顔が身につきます。口角を上げるだけで、人はおのずと楽しい気持ちになり、前向きになって対人関係もよくなるなど、笑顔によるプラスの連鎖が生まれます。この顔体操には、暗い気持ちをパッと切り替えるような即効性もあるので、仕事中や緊張する場など、気分をリセットしたいときのリフレッシュ方法としてもたいへん効果的です。

【肌にリーチ】

- たるみ
- くすみ
- シワ
- むくみ
- 表情グセ

【脳にリーチ】

- ストレス解消
- ラクラク笑顔
- 気持ちがアップ
- 脳活にも

表情筋の運動は、美肌再生のカギ

皮膚科医、
「ウォブクリニック
中目黒」総院長
髙瀬聡子先生

最先端の美容医療を取り入れた治療に定評がある人気ドクター。肌のスペシャリストとして、テレビや雑誌でも活躍。高機能コスメ『アンプルール』の研究開発も担当している。

表情筋と肌は、とても密接な関係にあります。表情筋を鍛えると、血行がよくなり、代謝が上がります。これにより、新しく元気な細胞が生まれやすくなり、肌の潤いを司る保湿成分の産生も盛んになります。さらに、老廃物が排出されやすくなると、くすみやむくみにも効果的です。

顔体操を繰り返し行うことで、表情筋自体をボリュームアップできるというのも魅力。筋肉に厚みが出るので物理的に肌を内側から押し上げることができ、肌表面にパンッとしたハリが生まれます。この効果は、若返り治療として人気の高い、肌内部にヒアルロン酸を注入するプチ整形術に近いものがあります。

顔をよく動かして代謝が上がると、栄養の吸収がよくなるので、普段と同じスキンケアで、より効果が感じられます。ただし、肌がカサついた状態で顔体操を続けると、小ジワの原因に。肌乾燥はあらゆる肌ダメージの元でもあるので、保湿ケアは万全に。

脳科学的に見る〝笑顔の効力〟

顔体操には、笑顔をつくる動きが多くあります。このように笑顔を繰り返しつくっていると、脳の神経ネットワークが強化され、笑顔をつくりやすくなります。また、脳は笑顔になったことを認識すると、楽しいとか幸せという笑顔になる気持ちを再生します。辛くても笑うと明るい気持ちになるのは、脳のフィードバックによるものなのです。

笑顔の効力は相手にも届きます。脳は、目の前の場面をあたかも自分の体験として捉える仕組みを持つため、相手が笑顔だと、自分も笑顔になるときの感覚になってきます。これはコミュニケーションにも有効で、人と触れあうときに笑顔でいれば、相手の笑顔を引き出すことになるのです。それが周囲に伝播して笑顔が増えるといういい連鎖も！

〝脳トレ〟という観点でも、表情豊かに顔を動かすことはおすすめです。脳への刺激が大きいので、顔の筋肉を意識的に動かすほど、脳もよく活動すると期待されています。

早稲田大学教授、
博士（薬学）、
MBA
枝川義邦先生

脳科学者。脳科学や経営学の視点から脳の神経ネットワークの解析や人間の行動について研究。『タイプがわかればうまくいく！ コミュニケーションスキル』ほか、著書多数。

「顔体操」劇的ビフォー&アフター

01

「脂肪溶解注射した？」「小顔!!」と賛辞の嵐

金子優子さん（38歳）

長年の食いしばりグセでえら筋が発達。その影響で頬に線が入り、ムキムキした印象になっていたのが改善。頬の一番高い位置も上がり、若々しい雰囲気に。

「顔を洗うたびに手で触れる顔のサイズが締まっていく手応えがありました。あまりに短期で顔がやせたので、整形と思われたほど(笑)。額にシワを寄せるクセも軽くなり、肌の色ツヤもよくなるなど、うれしい変化の連続です！」

02

30代に見られるように。48歳でモテ力アップ

金子康行さん（48歳）

あごまわりのもたついたお肉がスッキリ。さらに、下垂していた頬の位置もアップ。加えて、笑うときに目元にシワが寄らなくなり、老け感が一掃された。

「顔体操を始めて、『若返った』『笑顔が素敵になった』と褒められるように。見た目が変わると、男でもこれほどうれしくて、活力になるものなのかと驚きました。筋肉を直接鍛える顔体操の〝筋トレ感〟は男性もハマる要素が大です」

03

「キレイになった」と高校生の娘も大喜び！

梅沢三奈さん（46歳）

真顔のときでも自然と口角が上がり、目をパッチリと開いている状態をキープできるように。フェイスラインやあごのお肉が取れ、顔が一回り小さくなった。

「顔体操でよく鏡を見るようになり、笑顔が少し引きつるなど、自分の顔の現状をよく知ることができました。朝晩各3回、顔体操を行ううち、口角が上がり始め、二重あごも消えるなど、驚くような変化が次々と！　一生続けます♪」

1〜2週間でも必ず変わる!

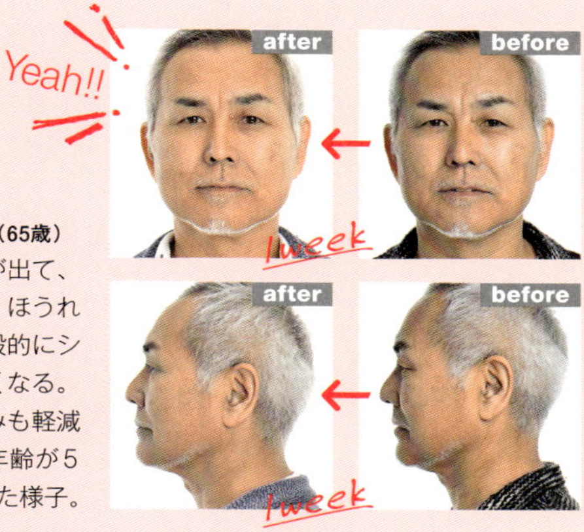

辻下敏夫さん（65歳）

肌全体にハリが出て、眉間や額、首、ほうれい線など、全般的にシワが目立たなくなる。目の下のたるみも軽減して、見た目年齢が5歳以上、若返った様子。

04

60代でも手遅れはなし。1週間で数年前の顔に！

「今まで眉間や首に深いシワがあっても年だから仕方ないと考えていました。けれど、顔体操を1週間行ってシワが薄くなり、65歳でも変われると実感。もっと素敵になろうとポジティブな目標ができ、顔体操が楽しみのひとつに」

須永美紀さん（41歳）

垂れた頬がグッとアップ。これにより、ほうれい線が浅くなり、フェイスラインやあごまわり、首元までシャープな印象に。口角も自然と上がるようになった。

05

たるみもシワも改善し、毛穴も締まる美肌実感

「3日くらいで頬がキュッと上がった感じがあり、ほうれい線が目立たなくなりました。続けるほど、肌にハリが出て、ツルンッとした手触りに。ドライアイが改善し、バストもアップするなど、本当にやってよかったということばかり」

年齢問わない〝変身力〟を目の当たりに

辻下さんは、写真で見るよりずっとシワが薄くなり、須永さんと梅沢さんは別人級に小顔に。年齢や性別を問わず、どんな人にも結果が出ましたね。最初はうまくできなくても、とにかく続けてみてください。パッチリ目になりたい、口角を上げたいなど、なりたい姿をイメージしながら続けるとより効果的です。

顔ヨガで〝不幸顔〟から脱出。笑顔を手に入れ、ハッピーに。

「38歳で顔ヨガの教室に入門してからは、信じられないような体験の連続でした。悩みの種だったニキビやたるみ、ほうれい線などが改善して、丸々していた顔もキュッ。さらに、口角を上げられるようになって、笑顔が身についたのが大きな自信に。超ネガティブ思考だったのが前向きになるほど内面も変化したんです。表情筋を鍛えることで人生までも変わる！と実感しました。この喜びを多くの人に伝えたくて研究を重ね、顔体操までたどり着いたのです」

1 顔ヨガを始める前。今より5kgやせているのに顔にはお肉がたっぷり。口角を上げて笑えず横に引いている。**2** たるんでほうれい線も目立ち「幸薄い顔」と言われていた。**3** 笑顔がつくれずニキビもひどかった。

1 タンゴダンスで世界大会を目指し、必死になるほど、周囲から「顔が怖い」と言われた。**2** 老婆のような老け顔に大きなショックを受けた一枚。

第2章

これが「みんなの顔体操」徹底マスター

ひとつひとつの動作を詳しく解説します。
間違った動きでは効果が出にくいので、
鏡を見ながら、正しい動きを身につけましょう。

まずは、全体の流れをCHECK!

前奏
目を閉じて深呼吸
（リラックス）

1
「舌を出して
息を吐く運動」

2
「口角を上げる運動」

全身の緊張をゆるめ、脱力させてスタート。

顔のむくみを消し、デトックス効果をアップ。

口角を上げる筋肉を鍛えて〝への字口〟予防。

7
「唇を突き出してから
口の中に
巻き込む運動」

8
「舌を左右に
動かす運動」

9
「黒目と口角を
上げ下げする運動」

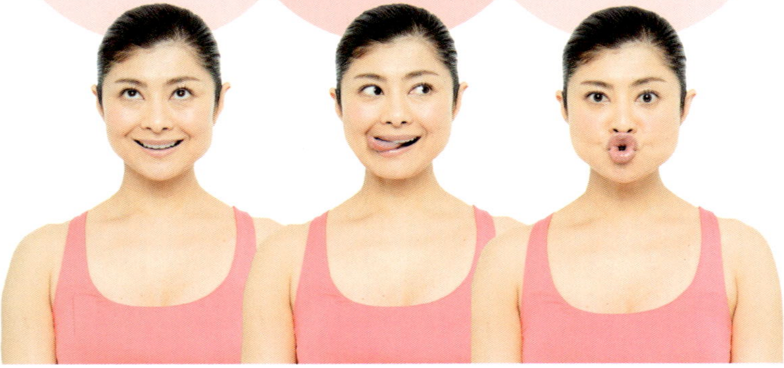

口元のたるみを修復し、ぷるるん弾力リップに。

ドライマウス＆滑舌の改善に効く〝舌トレ〟。

垂れた頬を元の位置に戻し、目ヂカラアップ。

3

「目をギュッと閉じ、大きく見開く運動」

疲れ目を解消して、目をパッチリ大きく。

4

「目の下を動かす運動」

目の下の筋肉を鍛え、クマやたるみを撃退。

5

「首に筋を立てて舌を出す運動」

首の表面をグイッと動かし、シワを改善する。

6

「顔の横を引き上げる運動」

輪廓のたるみをリフトアップして、小顔化。

3分20秒

finish

10

「唇を突き出し左右に動かす運動」

口輪筋を刺激して、口～あごのムダ肉を一掃。

11

「パピプペポの運動」

顔全体の血行を促し、くすみのない透明肌に。

12

「頬を持ち上げる運動」

たるみをアップさせ、ほうれい線を浅く！

13

「指先で顔全体をトントン」

鍛えた筋肉をリラックスさせてクールダウン。

exercise

前奏 全身脱力で準備を整える

目を閉じて深呼吸（リラックス） DVD 00:00

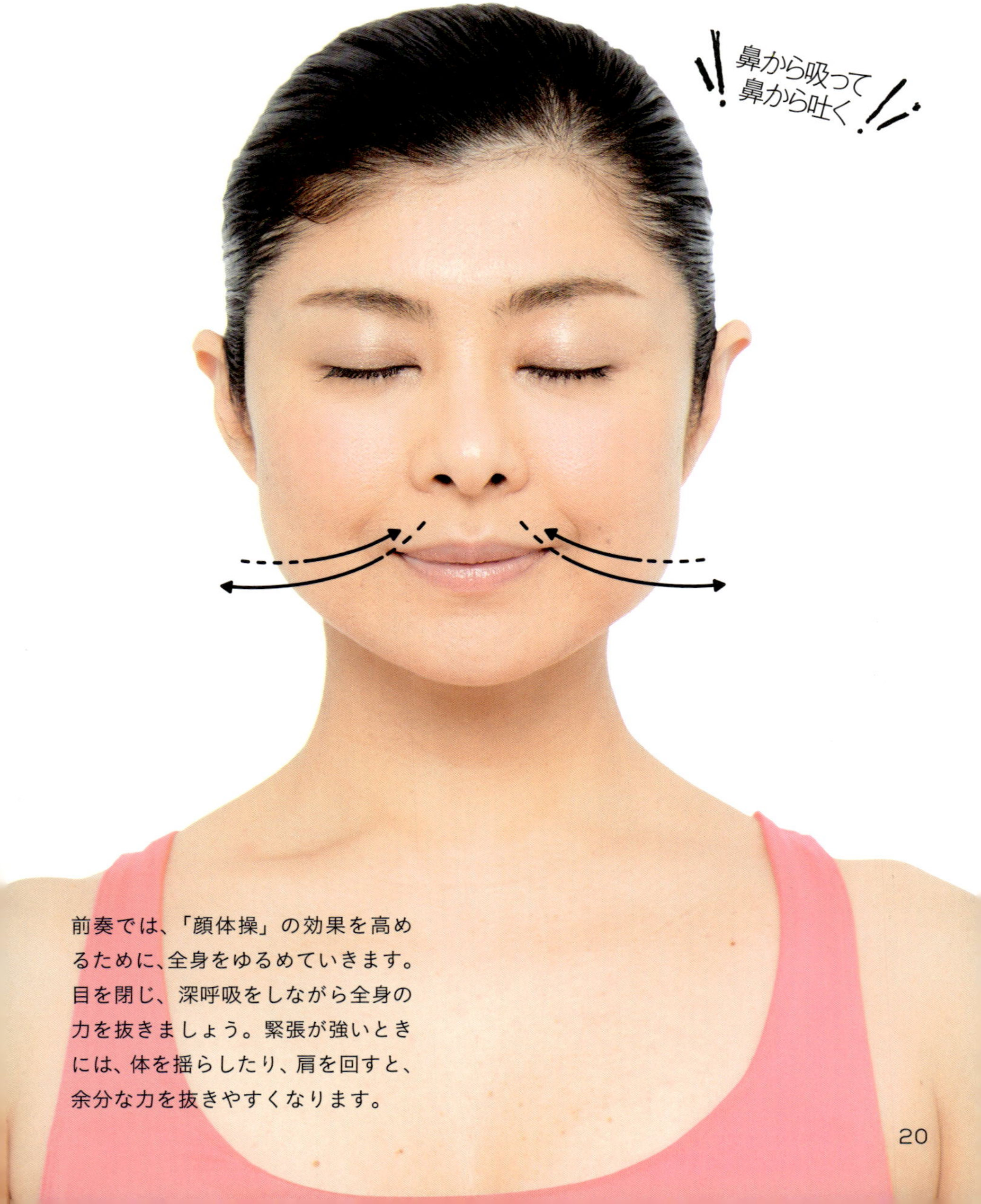
鼻から吸って
鼻から吐く

前奏では、「顔体操」の効果を高めるために、全身をゆるめていきます。目を閉じ、深呼吸をしながら全身の力を抜きましょう。緊張が強いときには、体を揺らしたり、肩を回すと、余分な力を抜きやすくなります。

exercise

1 むくみ＆毒素スッキリ！

「舌を出して息を吐く運動」 DVD 00:11

2回 繰り返す

黒目を全部見せるような気持ちで目を大きく見開きます。鼻から息を吸い、舌を根元から出して、息を「ハァ〜ッ」と強く吐き出しましょう。舌を戻して、もう一度同じ動作を繰り返します。

NG No Good

舌が少ししか出ていないと効果が半減してしまいます。舌を長くしっかり出すイメージが大切です。舌を出すときに口角が下がると、たるみなどの原因になるので注意しましょう。

ココに効きます！

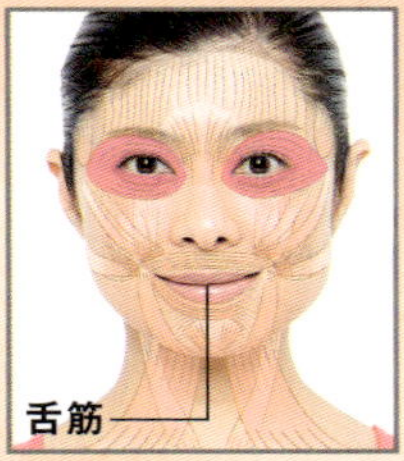

舌を長く出し、息を強く吐き出すことで内臓の緊張を緩和。体内の毒素排出力を促し、むくみや、二日酔い、ストレス解消に有効。目を開くための筋肉が鍛えられ、パッチリ目に。

「口角を上げる運動」 DVD 00:19

口角と同時に頬もアップ!

目を大きく開き、①口角を上げる→戻す、②上げる→戻す、③上げる・上げる・上げる・戻すの①〜③を２回行います。頬を持ち上げるようなイメージで口角をアップしましょう。

ココに効きます！

口角を上げる口角挙筋にアプローチする運動です。この筋肉を鍛えることで〝への字口〟になりにくくなり、自然と口角がキュッと上がった素敵な笑顔をキープしやすくなります。

exercise

2 口角アップで〝笑顔上手〟に

顔の筋肉をゆるめて

2セット繰り返す

口角を上げたとき目が細くなり、目元にシワが寄るのはNGです。目を大きく開けた状態を維持しましょう。また、下の歯が見えると、口角が下がった老け顔につながるので注意。

「目をギュッと閉じ、大きく見開く運動」 DVD 00:30

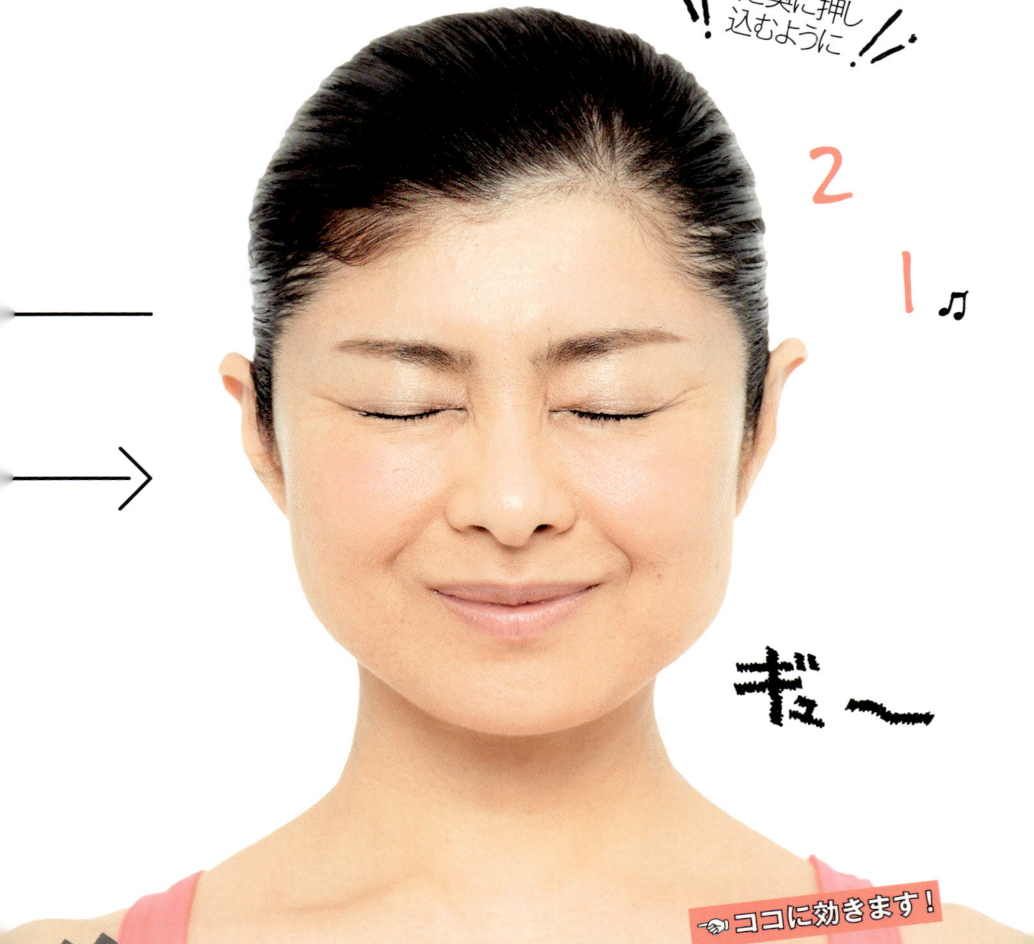

NG No Good

目を閉じるときに、体にも力が入って肩が上がったり頭や体ごと前に倒れないように注意してください。また、目のまわりにはできるだけシワを寄せないように気をつけましょう。

ココに効きます！

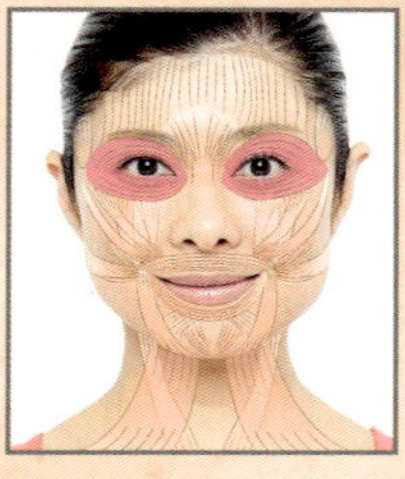

眼球のまわりを囲んでいる眼輪筋にアプローチします。加齢によって目の印象がぼんやりしてきた人にもおすすめ。目まわりの血行が促され、眼精疲労やドライアイの改善効果も。

exercise 3 疲れ目解消&“デカ目”化

眼球を頭の奥に押し込むイメージで、目をギュッと閉じ、パッと力を抜いて目を開くという動作を３回繰り返します。次に目をギュッ・ギュッ・ギュッと３回連続で閉じ、パッチリと見開きます。目を開けるときは、口も「パ～ッ」と開けましょう。

「目の下を動かす運動」 DVD 00:42

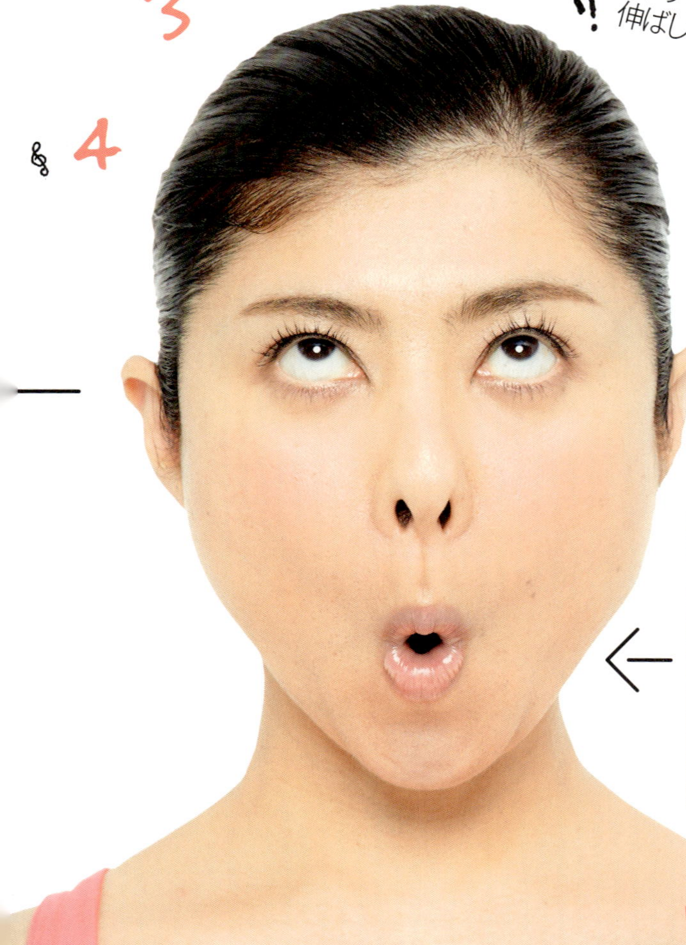

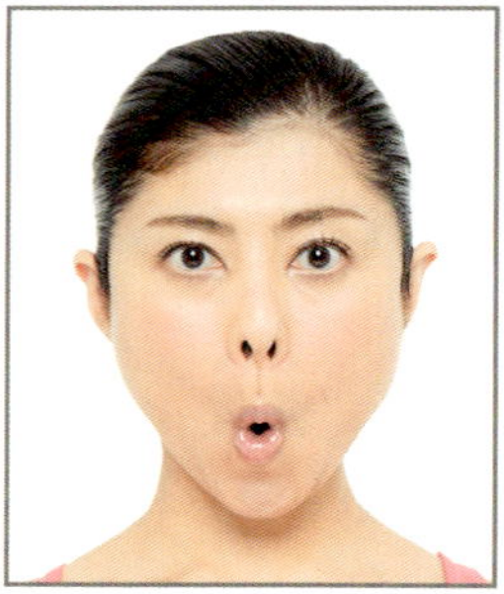

口を「お」の形にすぼめながら、顔全体をストレッチさせるようなイメージで縦に伸ばします。次に、黒目を思い切り上げて、下まぶたを３回持ち上げます。これを２回行います。

ココに効きます！

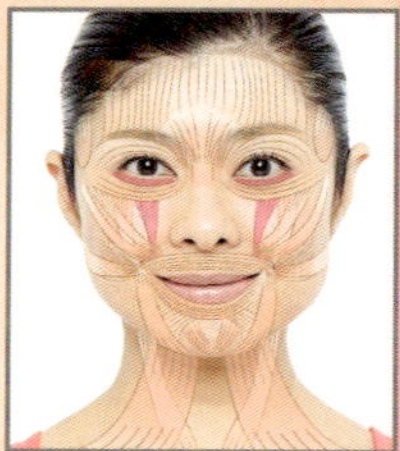

「お」の口で顔を伸ばすと、たるみに関係する上唇挙筋が刺激されます。さらに、目の下の筋肉を持ち上げて、血行を促進。老け感を助長する目元のたるみやクマを改善します。

exercise

4 クマ&ほうれい線と決別！

目の下だけを持ち上げるのは難しく、慣れないと眉も上がって額にシワが寄りがち。手の平で額を押さえて眉が上がらないようにしながら、目の下だけを個別に動かすようにして。

「首に筋を立てて舌を出す運動」 DVD 00:54

「ひっひっひっひっ」と息を吐くときに、首に縦筋が入らないと効果が期待できません。猫背になっていたり、首が縮こまった状態では、筋を立てにくいので、姿勢に注意して。

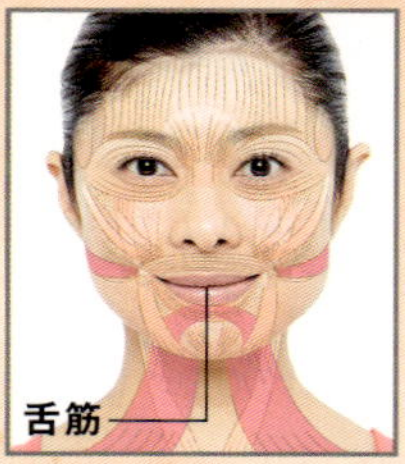

首の表面を動かすことで、首のシワを改善。胸元まで引き上げられるようになれば、バストアップも期待できます。舌を出す動きでは、あご裏の筋肉が鍛えられ、二重あごの予防に。

exercise

5 二重あごと首のシワを撃退

舌を出したとき舌の先が垂れ下がっていたり、三角にとがらないのはNG。舌は、のどの奥からできるだけ長く出し、思い切り突き上げることで、二重あご解消力がアップします。

「ひっひっひっひっ」と息を吐きながら首の表面に筋を立てていきます。次に、舌を出し、先を上に向けて、2回押し上げます。鏡で見たときに舌の裏が三角に見えているのが理想。

「顔の横を引き上げる運動」 DVD 01:05

たるみを上げて
形状記憶！

手をこめかみに当て、目尻から頬のお肉をグッと持ち上げます。そのままゆっくり頭を横に倒し、首の横をストレッチ。頭を倒したほうの口角から舌を出し、息を３回吐き出します。

ココに効きます！

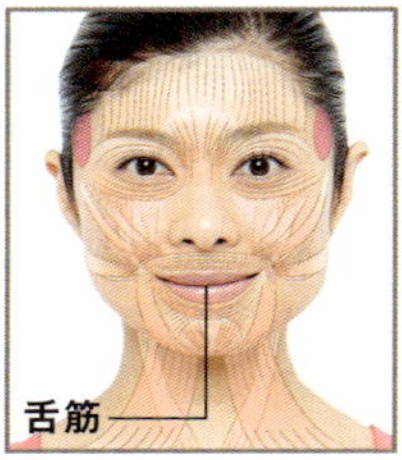

舌筋

顔の皮膚や筋肉を支える側頭筋をダイレクトに引き上げることで、たるみを解消。舌筋の運動との相乗効果でフェイスラインがスッキリ整い、短期間で小顔に近づくことが可能！

exercise 6 全顔リフトアップで−3歳

頭が前に倒れたり、体ごと倒れるのは、首のストレッチ効果が半減します。舌を前に出したり、少ししか出ていないのもNG。舌は口角からしっかりと横に長く出してください。

「唇を突き出してから口の中に巻き込む運動」 DVD 01:30

1

2

4回
繰り返す

唇全体に力を入れて！

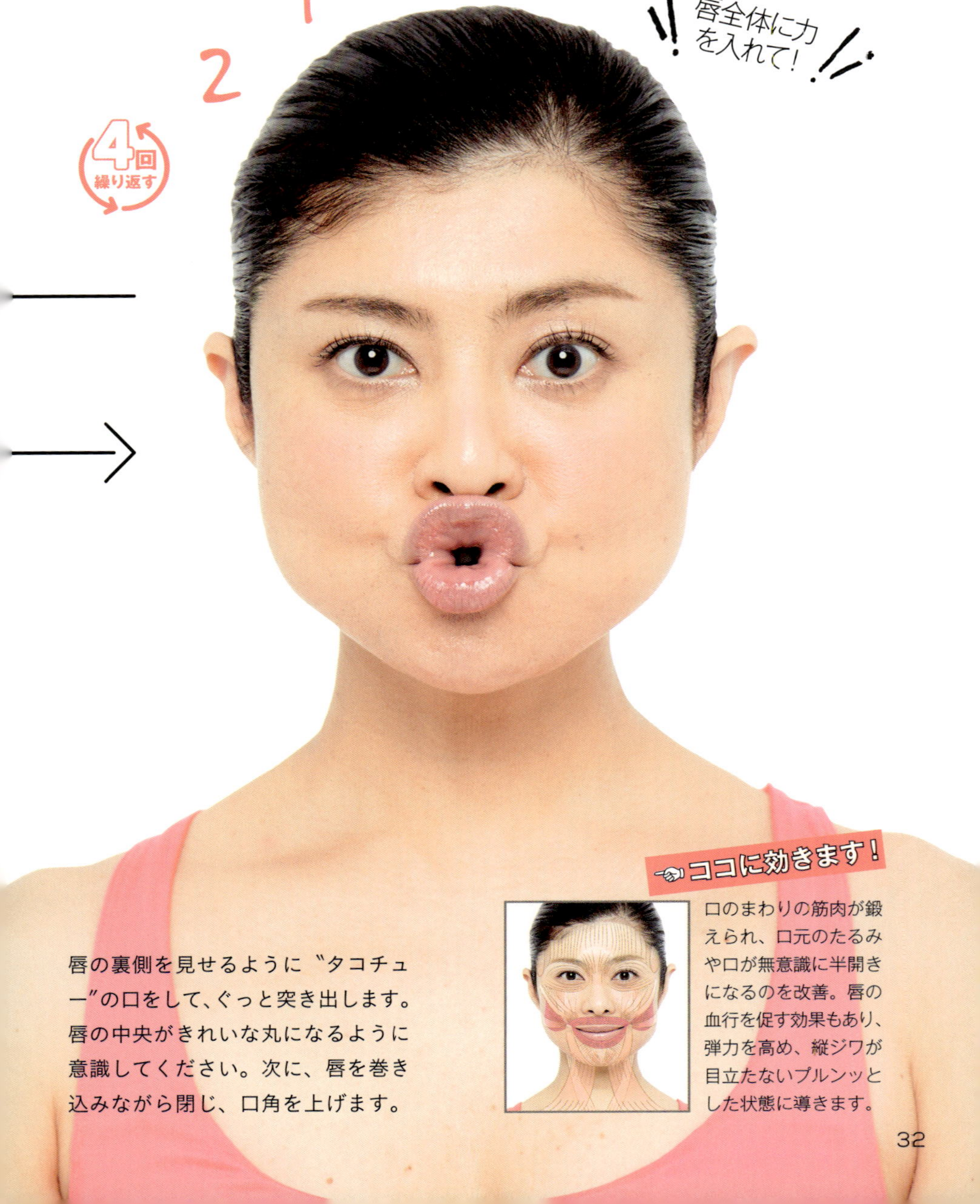

唇の裏側を見せるように〝タコチュー〞の口をして、ぐっと突き出します。唇の中央がきれいな丸になるように意識してください。次に、唇を巻き込みながら閉じ、口角を上げます。

ココに効きます！

口のまわりの筋肉が鍛えられ、口元のたるみや口が無意識に半開きになるのを改善。唇の血行を促す効果もあり、弾力を高め、縦ジワが目立たないプルンッとした状態に導きます。

exercise

7 縦ジワ消して“若リップ”回

唇の突き出し方が小さすぎたり、両端がすぼまらず“アヒル口”になっていると効果が半減。唇は、思い切り前に突き出しながら、上下左右、全方向に均等に開くように心がけて。

「舌を左右に動かす運動」 DVD 01:42

〜左〜右〜左〜右

舌先を上に向けます!!

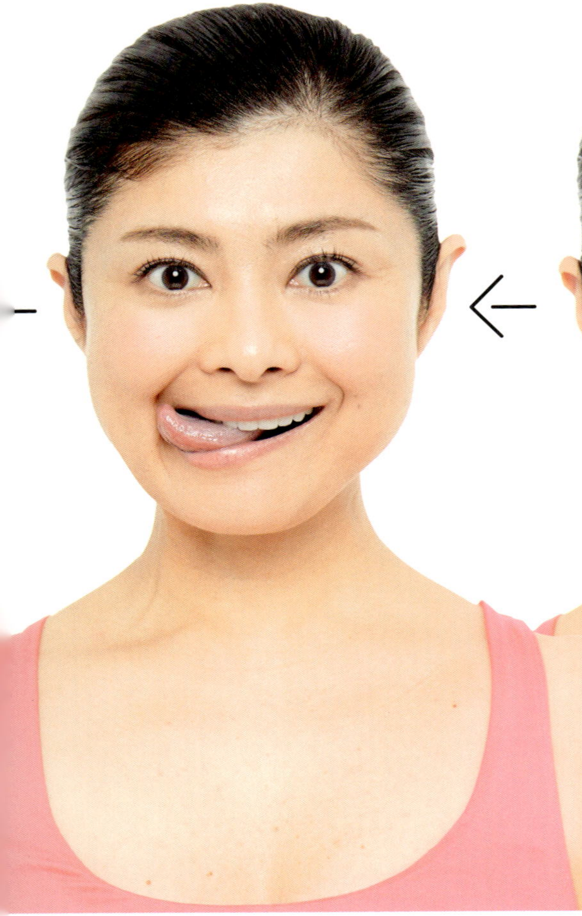

口角を上げた状態で、舌を長く出し、右→左→右→左となめらかに2往復させます。続けて、右に強く4拍押し出し、同時に舌とは逆方向（左）に目線を動かします。次は、舌を左から2往復させ、舌を左に突き出しながら、目線は右に移動させます。

ココに効きます！

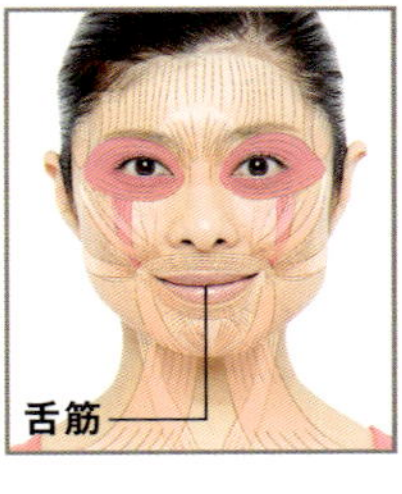

舌筋が鍛えられ、滑舌がよくなり、ハッキリと話せるようになります。唾液の分泌量が増えることでドライマウス対策になり、食べ物が間違って気管に入る誤嚥《ごえん》の予防にも効果的。

exercise

8 滑舌&ドライマウス改善

口角が下がらないように注意します。舌が少ししか出ていない、左右への動きが小さいというのも効果が落ちます。舌と目線で顔を左右に引っ張り合うようにストレッチします。

※見たまま行えるように、写真は、実際の動きと左右が逆になっています。

「黒目と口角を上げ下げする運動」 DVD 01:53

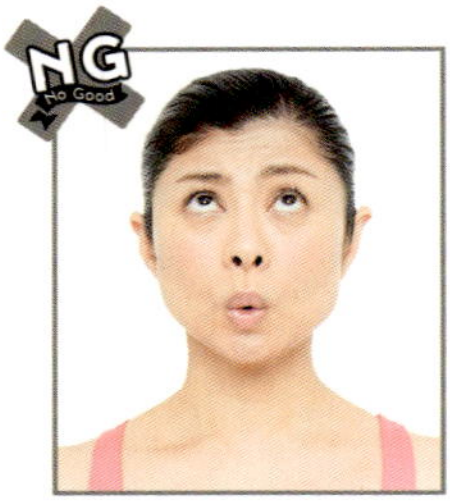

黒目を上げたときに額にシワが入るのはマイナス効果です。これを繰り返すと"折りジワ"が定着してしまい、老けて見える原因に。目まわりの筋肉だけで黒目を上げる意識が大切。

ココに効きます！

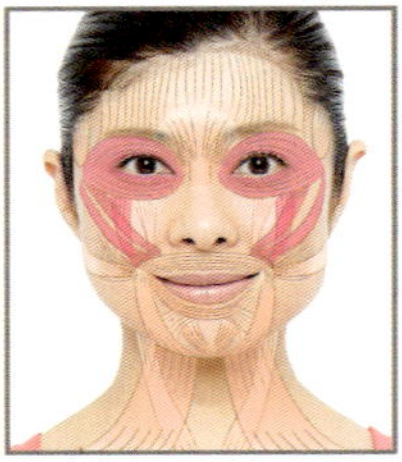

頬の筋肉を鍛え、垂れた頬を高い位置までリフトアップします。徐徐に、頬の位置が維持できるようになり、フェイスラインもシャープに。黒目をしっかり上げるほど効果的です。

exercise

9 頬アップで気持ちもアップ

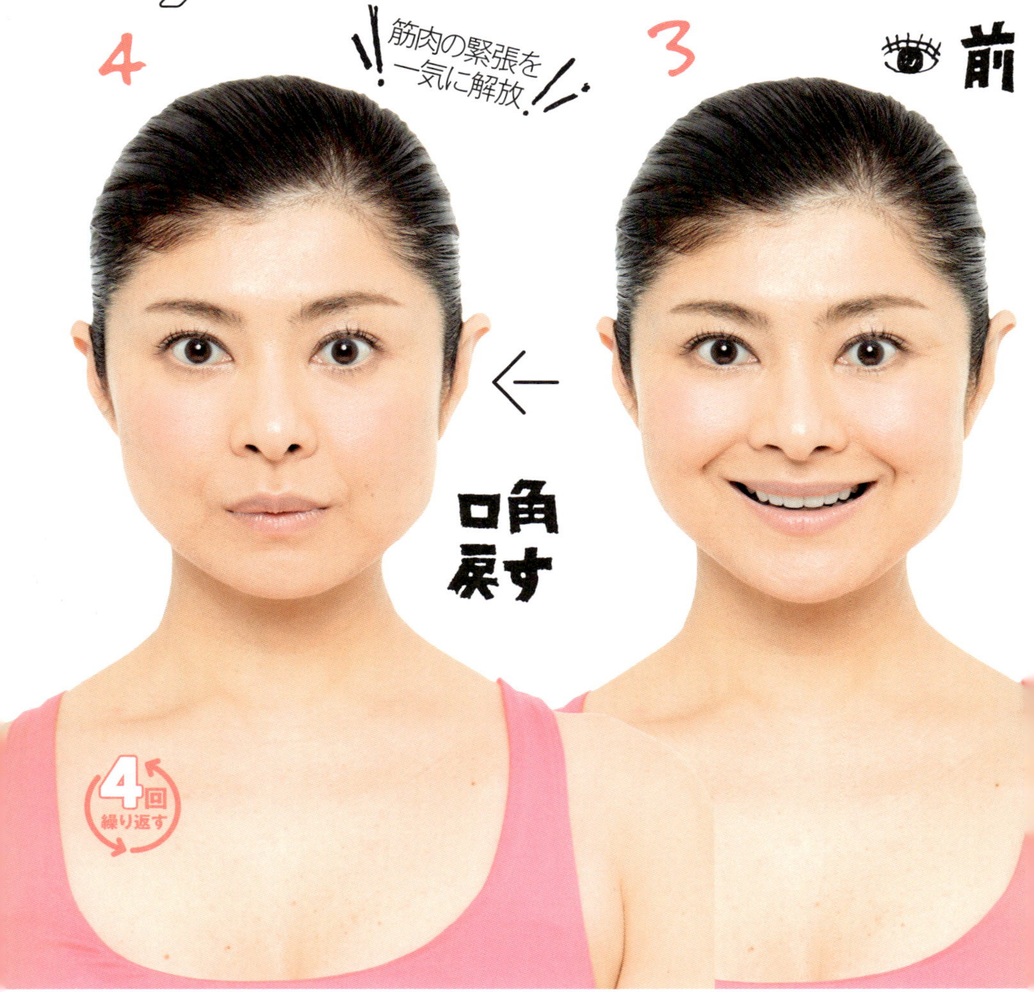

頬と口角をギュッと上げて、上の歯がしっかり見えるように笑顔をつくります。そこから黒目を上げて、正面に戻し、口角を脱力して下ろします。この一連の動きを4回繰り返し。

口角を上げるとき、下の歯が見えてしまうのは失敗です。下の歯が出るのは、口角を下に引っ張る筋肉が働いている証拠。下唇の力を抜き、口角だけを持ち上げるように練習を。

「唇を突き出し左右に動かす運動」 DVD 02:05

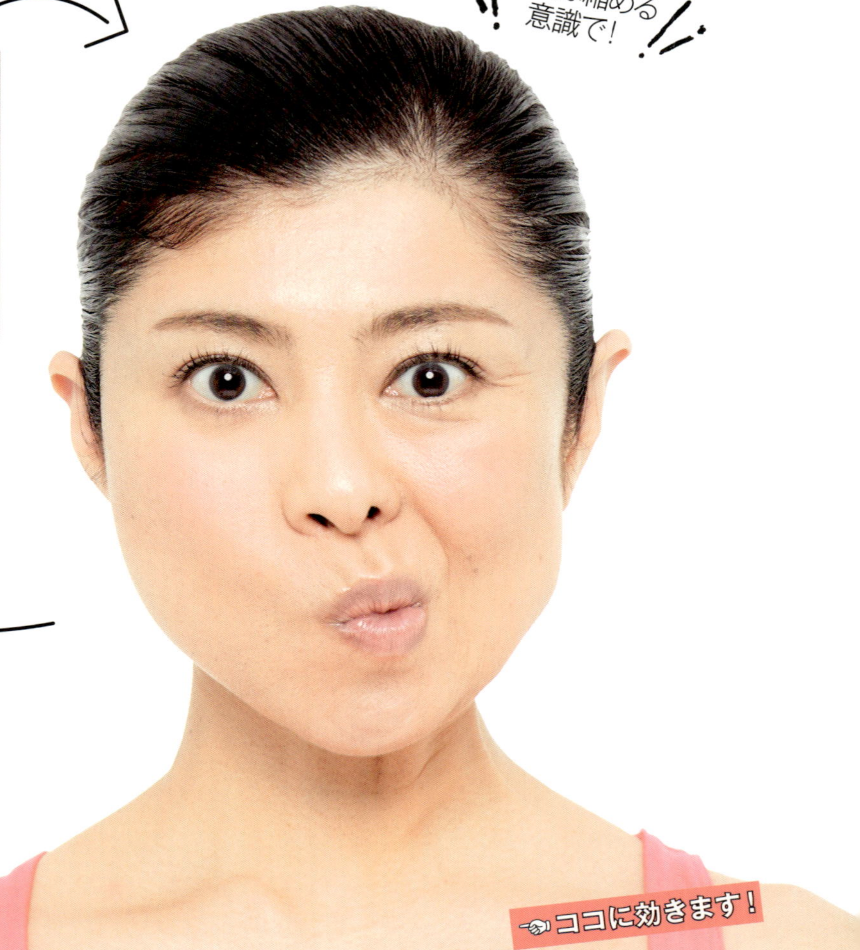

口をすぼめて前に突き出します。そのまま口を右側に移動し、一度真ん中に戻して、突き出します。逆側も同様です。片頬が引っ張られ、もう片方の頬は縮まるのを感じましょう。

ココに効きます!

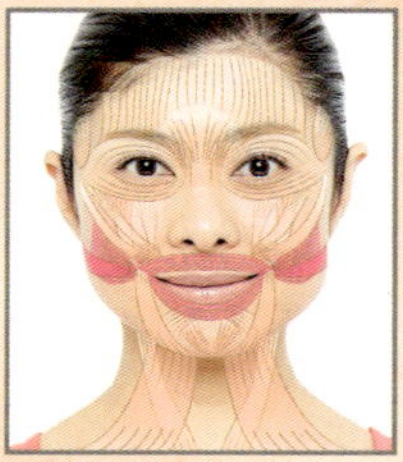

口まわりの筋肉をトレーニングすることで、口元からあごについたムダなお肉がスッキリします。たるみの改善効果もあるので、ほうれい線が気になる人にもおすすめの運動です。

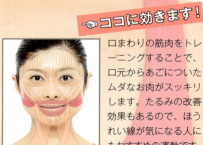

exercise

10 口まわりのシェイプアップ

すぼめた口を左右に移動させるときに、唇の中央が開いてしまうと、口まわりの筋肉がしっかり鍛えられません。閉じた状態をキープしながら左右に動かすことが重要なカギです。

「パピプペポの運動」 DVD 02:27

唇の色も健康的に

発音する前に、一度唇を巻き込み、思い切り破裂させるイメージで「パピプペポ」と口をはっきり動かします。「パピプペポ、パピプペポ、パピプペ、パピプペ、パピプペポ」とリズミカルに繰り返しましょう。

ココに効きます！

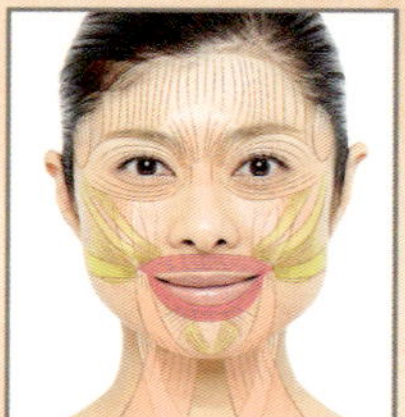

日本語では使われることが少ない筋肉の運動不足を解消します。顔全体の血行がぐっとよくなり、健康的な顔色を手に入れることができます。滑舌をよくするためにも有効です。

exercise

11 バラ色の健康フェイスに

「頬を持ち上げる運動」 DVD 02:37

Check!

頬がしっかり上がっているか手で触って確認します。頬の筋肉がキュッと引き締まっていれば、鍛えられている証拠です。頬が上がらない人は、手で補助して持ち上げましょう。

ココに効きます！

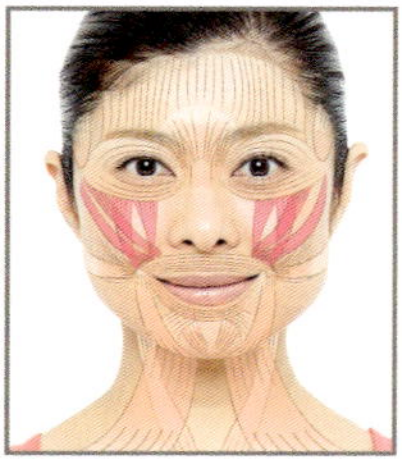

重力で落ちた頬の位置を元に戻し、あごまわりのもたつきを解消します。ほうれい線や口角からあごに向かって入るマリオネットラインなど、口元のたるみの改善にも有効です。

exercise 12 脱“ブルドッグだるみ”

頬を持ち上げてから手を離したときに、頬と口角が落ちないことが肝心です。手の支えに頼らず、頬と口角を上げる筋肉をしっかりと使って、アップした状態をキープしましょう。

口を「お」の形にして、顔を縦方向に伸ばしてから、口角と頬を引き上げます。フェイスラインに手を添え、顔のお肉を持ち上げたら、手を離してキープ。一度脱力して、繰り返し。

「指先で顔全体をトントン」 DVD 03:02

指でトントンするときに顔にギュッと力が入ってしまうとクールダウンにならないので注意しましょう。顔全体の筋肉を解放してゆるめ、リラックスした状態を心がけてください。

深くゆったりと呼吸し、顔全体をゆるめます。生え際から顔全体、首、胸元までを指先でトントンと軽くたたいていきましょう。最後に、筋肉を落ち着かせるように手で顔を優しく包み、手を離したら笑顔で終了。

exercise

13 顔全体をクールダウン

いい笑顔で
フィニッシュ!!

Check!

顔体操は正しい姿勢で効果アップ

顔と体はつながっているので、
間違った姿勢では、効かせたい
筋肉へ働きかけられず、
効果が出にくくなります。
正しい姿勢を意識しましょう。

体の中心に芯が通っているようにまっすぐ立つ

天井から糸でつり上げられるようなイメージで姿勢を正します。胸を張りすぎず、肩を下げ、リラックスした状態を保ちましょう。背中が丸まり、腰の位置が下がるのはNGです。

猫背厳禁。リラックスして背筋を伸ばす

座って行うときでも、尾てい骨から頭頂部まで糸でつり上げられているようなイメージで、上半身をまっすぐに。胸は張らず、左下の写真のように、肩を一度上げてからストンと落とし、脱力させて。

Point

背もたれに寄りかかりすぎると、あごが上がりやすくなるので注意。

腰がそりすぎる姿勢で座ると、腰痛の原因になるので避けましょう。

第3章

ステップアップ編「顔体操」を全身で！

「顔体操」に慣れたら、体も一緒に動かしてみましょう。
全身運動によって、肩こりや冷え性の改善、
ダイエットなど、多くの健康効果が期待できます。

さらに！ 顔体操に、体もつければ全身効果

0 前奏：目を閉じて深呼吸

→P.20

呼吸を整えて、全身リラックス

前奏では、「顔体操」の効果を高めるために、全身を脱力させます。まず、深呼吸しながら、まっすぐ立ち、体をゆるめます。体の緊張がとけない場合は、全身を揺らす、腕を回すなどしてリラックスさせましょう。

「全身で顔体操」3カ条

顔体操に全身の動きをつけるとき、効果を上げるために守るべき3つのポイント。できる範囲で楽しめばOK。

1. 顔の動きと合わせるのが難しいときは、1つの動作や足踏みだけでもGood。
2. 指先や足の先まで意識して動かすと運動量も高くなり、脳トレ効果もアップ！
3. できるだけ深い呼吸を心がけましょう。代謝がよくなり、全身のダイエットに。

2 口角を上げる運動

→P.22

肩をアップダウンで頑固な肩こりを撃退

口角を上げる動きに合わせて肩を上げ、口角を下げるときに肩も落とします。口角に合わせて、肩を上げる→下げる→上げる→下げる。肩をできる限り高い位置までギューッと持ち上げて3拍キープした後、ストンと落とします。これを2セット繰り返しましょう。肩まわりの血行不良にアプローチするので、肩こりが気になる人におすすめです。

1 舌を出して息を吐く運動

→P.21

両腕を大きく広げ、指先までストレッチ

1 手の平を思い切り開き、腕を胸の前で交差します。**2** 息を吐きながら舌を出すときに、両腕を真横に広げていきます。このとき、肩が上がらないように注意しましょう。胸をグイッと張り、両方の肩甲骨を寄せるように意識するとより効果的です。また、普段、内側に丸める動きが多い手の平を広げて伸ばすことで、末端の血行促進にも働きかけます。

2

1

3 目をギュッと閉じ、大きく見開く運動

→P.24

肩甲骨を鍛えて猫背をシャキッ！

1 顔をすぼめているときは、両方の肩甲骨を離すようなイメージで背中をギューッと丸めます。同時に、腕は親指を内側に巻き込むようにねじりましょう。**2** 顔を「パ〜ッ」と笑顔にするときに合わせて肩甲骨を寄せ、胸を開きます。腕は、親指を外側に回してねじります。猫背やパソコンの使いすぎによって肩が前に出る〝前肩〟の改善に有効です。

2

1

4 目の下を動かす運動

→P.26

ばんざいポーズで全身ストレッチ

1 口が「お」の形のときは、両足を揃え、手を体側に沿わせる〝気をつけ〟のポーズをとります。**2**黒目を上に向けると同時に、足を腰幅よりやや広めに開き、両手を高く上げます。足で床を押し、反対に、手は天井に向けてグーッと引き上げるようにして、体全体の筋肉が伸びているのを感じましょう。**3**体はそのまま、下まぶたを3回持ち上げます。一度〝気をつけ〟の姿勢に戻り、もう1セット。〝全身伸び〟は、ストレッチ効果に加えて、自律神経を整える効果もあると言われています。

5 首に筋を立てて舌を出す運動

→P.28

二の腕を鍛えて絞り、"振り袖肉"と決別

前の運動で上げていた腕を下ろすときに、手の平をヒラヒラさせながら下ろしていきます。「ひっひっひっひっ」の4カウントに合わせて手首を回し、手の平の向きを内→外→内→外とかえながら、腕を大きく広げて下ろしていきます。

舌を2回突き出す動きに合わせて、手の平を後ろに返しながら、腕を前から後方に大きく2回引きます。ひじは曲がらないように注意。このとき、二の腕をしっかり絞るような意識が大切です。2回目の「ひっひっひっひっ」では"気をつけ"の姿勢をキープ。その後、舌を2回出すときに、1回目と同様、腕を後ろに引きます。

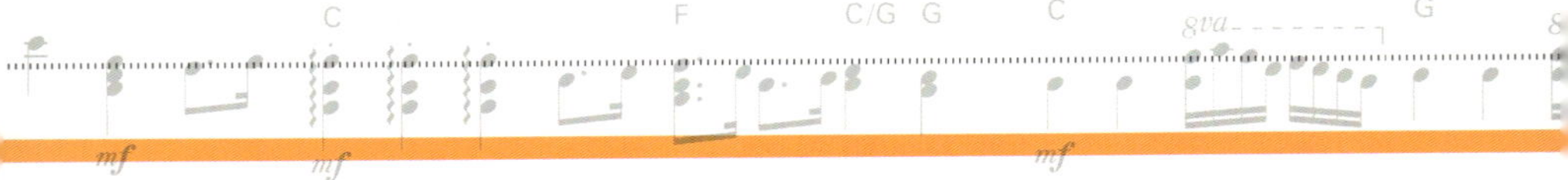

6 顔の横を引き上げる運動

→P.30

小顔や肩こり改善力満点の首ストレッチ

1 足を腰幅に開き、体を安定させます。**2～3**体はそのままの状態を保ちながら、こめかみに手を当て、顔の余分なお肉を引き上げていきましょう。**4**頭を横に倒すときは、上半身まで倒れないように気をつけながら、首の横がグーッと伸びるのを実感してください。**5**舌を出すときに息を強く吐き切るように意識すると体幹の強化につながります。

7 唇を突き出してから口の中に巻き込む運動

→P.32

肩・背中・下半身の血行を一気に促進

肩まわりや肩甲骨、股関節のストレッチです。**1** 唇を突き出すときの姿勢は、両足のかかとを揃えた状態でひざを軽く曲げ、腰を落とします。このとき、お尻を少し突き出しましょう。手はこぶしを握り、脇を締めながら腕を勢いよく前から後ろに2回引きます。**2**スッと伸び上がって〝気をつけ〞のポーズをつくり、唇をしっかり巻き込んで2拍。

5　4　3

2　1

8 舌を左右に動かす運動

→P.34

スクワットの姿勢で垂れたお尻をアップ

腰に手を当てて、軽くひざを曲げてお尻を少し突き出します。ひざがつま先より前に出ないように意識しながら、お尻をキュッと締めるのがポイント。その姿勢をキープしたまま、**1**舌を出して右→左→右→左と動かします。**2**舌を右に突き出し、目線は逆サイドに。姿勢を維持したまま、反対バージョン（舌が左からスタート）を行いましょう。

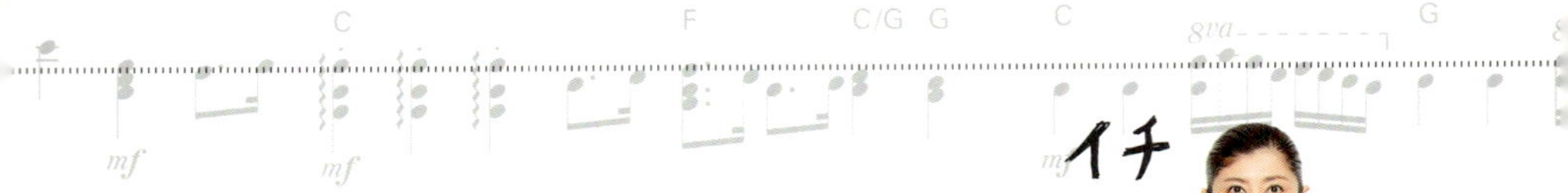

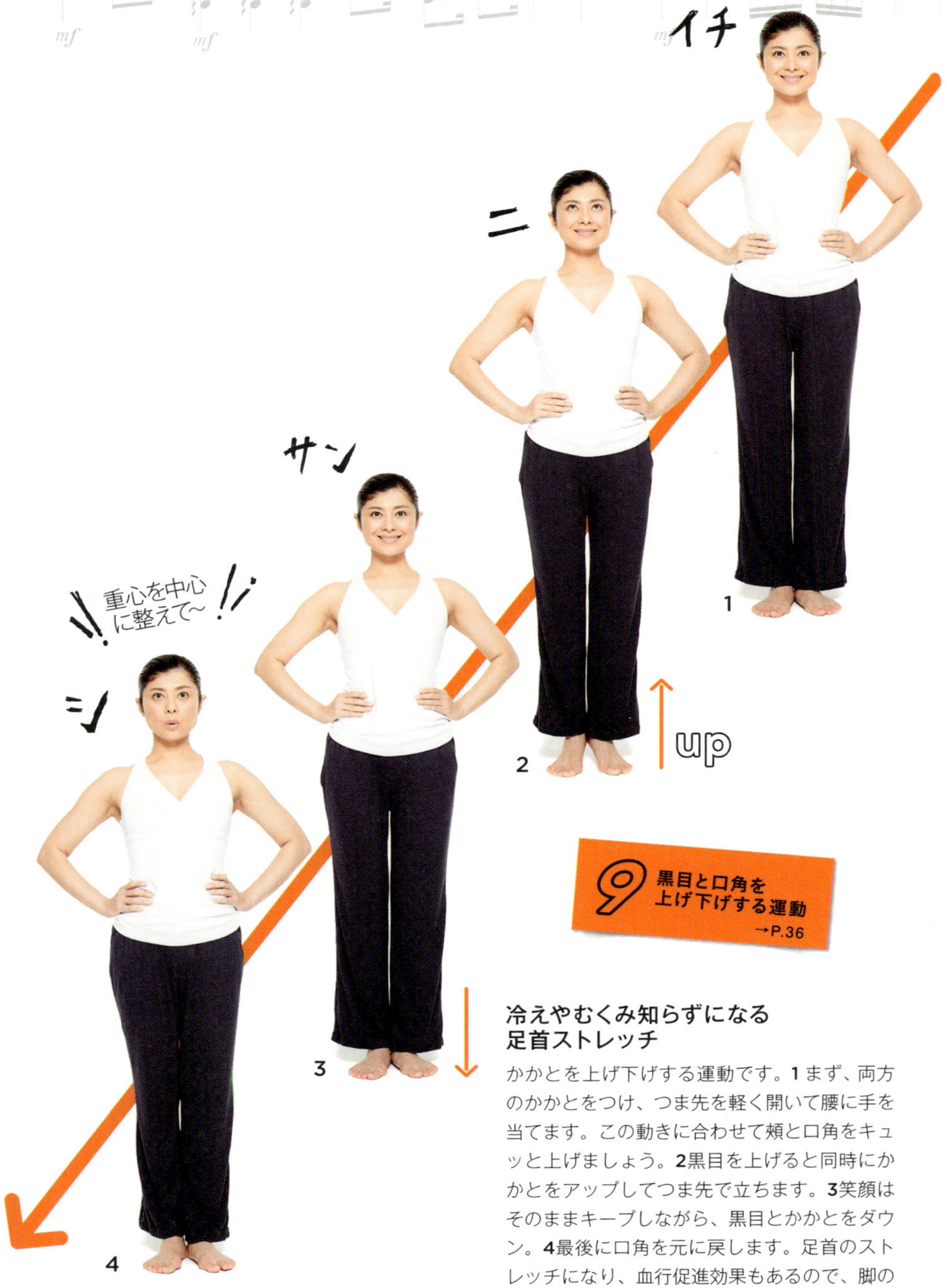

9 黒目と口角を上げ下げする運動
→P.36

冷えやむくみ知らずになる足首ストレッチ

かかとを上げ下げする運動です。**1** まず、両方のかかとをつけ、つま先を軽く開いて腰に手を当てます。この動きに合わせて頬と口角をキュッと上げましょう。**2**黒目を上げると同時にかかとをアップしてつま先で立ちます。**3**笑顔はそのままキープしながら、黒目とかかとをダウン。**4**最後に口角を元に戻します。足首のストレッチになり、血行促進効果もあるので、脚のむくみや冷え性の対策としてもおすすめです。

10 唇を突き出し左右に動かす運動

→P.38

ウエストをひねって、お腹をスッキリ引き締める

1 左右のかかとをつけたまま、お腹を引き締めてまっすぐ立ち、口をすぼめて突き出します。**2～3** そのまま口を右端に移動させながら、上半身も右にゆっくり回転させてウエストをひねっていきます。上半身とともに顔もしっかり後ろに向け、腕は体に巻きつけます。続いて、反対側も同様に。突き出した口を動かすのと同じ方向に、体をひねります。ウエストがギューッと絞られるような感覚が､効いている証拠です。

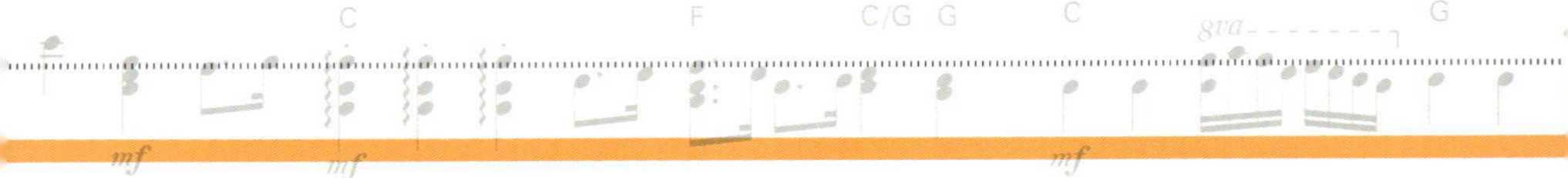

ポー

ペプピパ

11 パピプペポの運動

→P.40

水平足踏みで代謝アップ&“お腹太り”をスリムに

「パピプペポ」と口を動かしながら、リズミカルに足踏みを行います。足は、ひざを高く上げ、太ももが水平になるように意識しながら左右交互に上げていきます。手は、指先を広げてピンッと伸ばし、腕を大きく前後に振りましょう。この足踏みは、“もも上げ運動”に近い効果があり、インナーマッスルを鍛えることで、お腹まわりの引き締めをサポート。また、代謝を上げる効果も高く、やせやすい体質づくりにも有効。

12 頬を持ち上げる運動

→P.42

ギュッとお腹を引き締め、ポッコリを解消

1から4までの動作は、まっすぐ立った姿勢をキープします。1「お」の口で顔を縦に伸ばします。2口角と頬をアップ。3手をフェイスラインに当てます。4顔の余分なお肉をグイッと持ち上げましょう。

パタパタ～ッと小刻みにその場足踏み

5～8顔から手を離すと同時に、つま先をつけたまま、かかとの上げ下げを繰り返します。手は少しずつ下ろしていきます。お腹をへこませながらおへそを引き上げると、下腹部の引き締めに効果的。

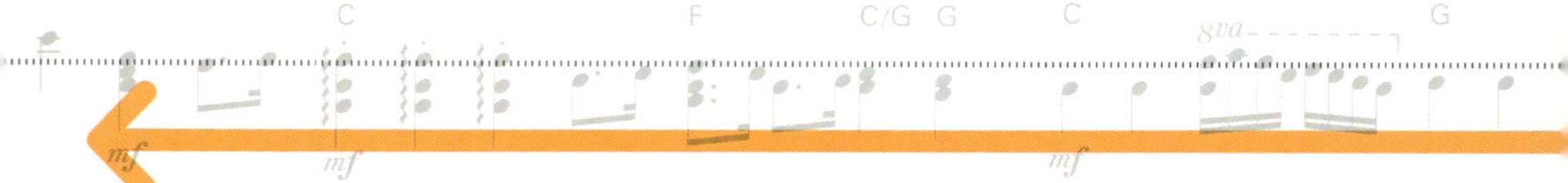

13 指先で顔全体をトントン

→P.44

1

2

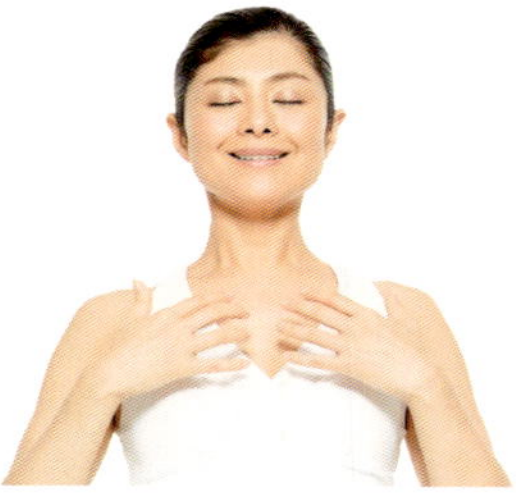
3

使った筋肉を脱力させて全身をリラックス

足を腰幅よりやや広めに。ひざをゆるめ、肩や背中も緊張を解放して、全身の力を抜いていきましょう。そのままの姿勢で、深呼吸しながら額から頬、デコルテを優しく指先でトントンたたきます。

4

5

6

気持ちよく笑顔でフィニッシュです！

両脚を揃えながら、動かした顔の筋肉を落ち着かせるように、顔を両手でふわりと包み込みます。顔から手をそっと離し、清々しい笑顔に。腕をゆっくりと下ろしながら、背筋を伸ばしておしまいです。

みんなの顔体操 Q&A

即効性が
抜群です!

Q どれくらいで効果が出ますか?

A 顔の筋肉はとても薄くて小さく、体に比べてトレーニングした結果が出やすい部分だといわれています。そのため、1週間、毎日朝晩、顔体操を続けるだけで、シワやたるみが目立たなくなるなど、気になる老化サインが改善し、若々しい雰囲気を取り戻す人も少なくありません。また、血行促進による効果に関しては、即効性が抜群です。顔色がよくなる、むくみが消えて顔がスッキリ見えるというような変化は、顔体操を1回行うだけでも実感できるケースが多いですね。

Q 一日何回、行えばいいですか?

A 顔体操は、朝晩の2回行うと効果的です。朝は、寝ている間に顔をしかめたり、噛みしめるクセによって緊張した筋肉をほぐすのに役立ちます。夜は、一日の表情グセをリセットして、顔の疲労を翌日に持ち越さないために有効です。朝晩以外にも、トイレやバスタイム、テレビを見ながらの"ながらケア"に取り入れるなど、いつでもどこでも気軽に行ってください。顔体操は、回数を重ねるほど効果が見えやすくなるので、上手に生活習慣に取り入れていきましょう。

1回でも
効果あり!

Q シワが深くなりませんか?

A 顔の筋肉を鍛えることは、肌のハリや弾力の回復につながるため、シワができにくくなると考えられます。さらに、顔体操によって顔全体の筋肉を使う習慣がつけば、決まった部分だけを集中的に使う表情のクセが緩和され、すでにできてしまった表情ジワの改善にもつながります。ただし、間違ったやり方をしているとシワができることも。自分の顔が正しく動いているか確認するために、この本やDVDを参考に、鏡を見ながら行うことをおすすめします。

Q ゴツゴツした“顔マッチョ”にならないか不安。大丈夫ですか?

A 表情筋は、ひとつひとつがとても薄くて小さいので、いくら顔体操をしても過剰にサイズアップして、マッチョ状態になるとは考えにくいですね（咬筋《こうきん》は噛みしめる動作によって発達しますが、顔体操にはそのような動きは含まれていません）。顔体操を行ったあと、顔に筋肉痛が出ると「こんなに激しく鍛えて大丈夫？」と不安になる方もいらっしゃるようですが、それは運動不足に効いている証拠。マッチョに結びつくサインではありません。一日何回、顔体操を繰り返しても問題はありません。

Q 男性にもメリットはありますか?

A 顔体操で得られるメリットは、シワやたるみなどを改善へと導く美容的なことだけではありません。顔を動かすことは、脳を鍛えることにもつながります。脳が健康で、かつ若々しさを保てるというのは、男性にも大きなメリットだと思います。また、顔体操を繰り返し行うと、口角が自然にアップした顔になっていきます。その結果、人への印象がよくなり、仕事での人間関係が円滑にいくようになった、営業成績が上がったという声もとても多いですよ。

Q 高齢者でも効果が出ますか?

A 筋肉はいくつになっても鍛えられるので、顔体操は何歳から始めても効果があります。激しいスポーツと違い、顔体操は座ったままできるので、体力に自信がない方や運動が苦手という方でも手軽に続けられるのが魅力。顔体操を続けて表情筋を鍛えることができれば、顔色がよくなり、肌が元気になって若い頃のような表情が戻ります。顔体操のポーズのなかには笑顔も多く含まれているので、おのずと明るい気持ちになれるというのもメリットです。

繰り返すと
上達します

Q 顔がうまく動かせません。どうしたらいい?

A 運動不足状態だった表情筋を、すぐ思い通りに動かすのは難しいことかもしれません。けれど、スポーツが練習するとうまくなっていくように、顔体操も繰り返し行うことで必ず上達するので、諦めないことが重要です。うまくできないうちは、手を使って理想の形をサポートしてみましょう。たとえば、頬を手で持ち上げたり、シワが寄ってしまう額を手で押さえるなどして、成功の形を記憶させていくと、上達への近道になります。

手を添えて
サポート!

おわりに

みなさん、顔体操を実際になさってみていかがでしたか？　普段の生活のなかで、これほど顔を動かすことは少ないので、じんわりとした疲労感やポカポカと温まる感じなど、効いている実感があった方も多いかと思います。

顔体操の魅力は、小顔効果や美肌力、若返りサポートなど、数え切れないほどあります。そんななかでも、ほかのエクササイズにはない特別なものといえば、口角を上げる動きから得られる〝笑顔の効力〟です。実際に、誰よりもその効果を感じているのが私かもしれません。顔ヨガを始める前は、いつも笑顔が引きつっていました。気持ちもネガティブで、すぐに不安な状態に陥り、いつもイライラしているようなタイプだったのです。そんな私が38歳で顔ヨガを習い、表情筋を鍛えることで、自然な笑顔を手に入れてからは、人生が好転！　数ヵ月の間に、笑顔が私のトレードマークになり、人に与える印象もよくなって自信もついたのです。

ほかにも、一人暮らしで普段表情を動かさないため、口角を上げるのもひと苦労だった高齢の女性が、レッスンに参加後、練習を重ねて笑顔を習得、すっかり社交的になり、最初に出会った頃とは別人のように元気になったり。人前に出るのが苦手だった男性が、いつでも笑顔をキープできるようになり、どんな仕事の場でも堂々としていられて、営業成績の大幅アップにつながった、ということもありました。

顔体操において、〝こんな顔が理想〟という「なりたいイメージ」を持つことは大切です。まずは、「顔やイメージは、変えられないもの」という考えを捨ててください。私は、顔を鍛えてすごくチャーミングになり、ポジティブになった人を数え切れないくらい見てきました。そして、顔はいくつになっても鍛えられるので、何歳から始めても遅くはありません。変われる、変わりたいという思いが何よりも重要なのです。

パソコンやスマートフォンなどを見る時間が増え、人との直接的なコミュニケーションも減っています。そんな無表情時代を救う〝顔育〟として、今後、幼稚園やご高齢者の集まる施設にも、この顔体操を広めていきたいと思っています。ラジオ体操のように、顔体操の音楽が聞こえれば、自然と顔が動いてしまうほど、国民的な体操となり、日本中に笑顔が溢れて、みなさんが元気になることが、私の心からの願いです。

2016年2月

間々田佳子

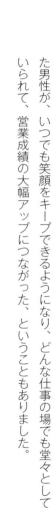

間々田佳子（ままだ・よしこ）

顔ヨガ講師・顔アスリート
アルゼンチンタンゴダンサー＆講師

1994年より「客船　飛鳥」のエンターテイメント部クルーズスタッフとして勤務。1998年からメキシコ、ロス・カボスに移住。帰国後、2000年よりアルゼンチンタンゴを始め、2010年アルゼンチンタンゴダンス世界選手権アジア大会優勝。40歳を過ぎた今でも、体内年齢は20代をキープしているが、30代後半に顔だけ衰えてきたことに気づき「顔も体と同じように鍛えられるはず！」と2010年、顔ヨガ講師の資格を取得。2015年、講座受講者は7000人を超えた。テレビ、雑誌などのメディア出演や講演等も多く、『日めくり まいにち、顔ヨガ！ 1回10秒で小顔&若顔になる』『DVD付き 間々田佳子の顔ヨガで即たるみ上げ&小顔』等、著書・監修書8冊累計33万部を突破。顔ヨガ講師のほか、小顔・若返りのスペシャリスト、表情筋トレーナー、印象アップ・笑顔作りの講師として、日本全国を飛び回っている。1972年5月14日、千葉県生まれ。
＊HP＊ http://w-tango.com

【書籍製作】

撮影 …………………… 伊藤泰寛
ヘア&メイク …………… 国府田 圭
イラスト ……………… 古屋あきさ
アートディレクション… 松浦周作（mashroom design）
デザイン ……………… 時川佳久（mashroom design）
今泉 誠（mashroom design）

【DVD製作】

撮影 …………………… 森 京子、杉山和行
ヘア&メイク …………… 国府田 圭
映像編集・録音 ……… 森 京子
作曲・演奏 …………… 深町優衣
音楽制作協力 ………… AYUMiX

編集協力 ……………… 金子優子、顔ヨガ協会インターナショナル http://kaoyoga.com
TMインタラクティブ　高橋睦子

講談社の実用BOOK

DVD付《つ》き 顔《かお》ヨガ講師《こうし》・間《ま》々《ま》田《だ》佳《よし》子《こ》の みんなの顔体操《かおたいそう》

小顔《こがお》・若顔《わかがお》・幸《しあわ》せになる! ピアノ伴奏《ばんそう》で楽《たの》しく続《つづ》く。

2016年2月24日　第1刷発行

著者　間《ま》々《ま》田《だ》佳《よし》子《こ》

発行者　鈴木 哲
発行所　株式会社 講談社
〒112-8001
東京都文京区音羽2－12－21
編集 ☎03-5395-3529
販売 ☎03-5395-3606
業務 ☎03-5395-3615

印刷所　大日本印刷株式会社
製本所　大口製本印刷株式会社

ISBN978-4-06-299843-7